BESTIÁRIO DE BRANDÔNIO

BESTIÁRIO DE BRANDÔNIO

segundo o
DIÁLOGO DAS GRANDEZAS DO BRASIL
escrito em 1618 e atribuído a
Ambrósio Fernandes Brandão
com xilogravuras de **J. Borges**
e prefácio de **Iara Lis Schiavinatto**

Edição de **Alejandro G. Schnetzer**

LIVROS DA Raposa Vermelha

Índice

7 ... Prefácio

11 ... Nota da edição

15 ... **DO AR**

33 ... **DAS ÁGUAS**

51 ... **DA TERRA**

76 ... Biografias

Do que pode a imaginação

Iara Lis Schiavinatto

No léxico, associa-se o termo "bestiário" a seres fantásticos, aos animais e às feras. Esse aspecto se insere no gênero textual "bestiário" com sua composição cerzida em pequenas narrativas compromissadas com a descrição da animália. Não menos importante, em sua norma, o gênero "bestiário" prevê ainda uma mensagem moralizante.

O presente livro Bestiário deriva da urdidura das imagens do artista popular pernambucano J. Borges com uma reedição do *Diálogo das grandezas do Brasil*. Escrito na área açucareira da América portuguesa em 1618, o relato da grandeza se circunscreve a essa região. As culturas historiográfica e literária dos institutos históricos e da Academia Brasileira de Letras dos séculos XIX e XX atribuíram a autoria do *Diálogo* a Ambrósio Fernandes Brandão. No Brasil, sua primeira edição data de 1930, com prefácio do importante historiador Capistrano de Abreu e notas de Rodolfo Garcia – historiador, diretor do Museu Histórico Nacional e da Biblioteca Nacional. Logo, trata-se de uma obra que é um documento clássico projetado na história colonial da nação.

Ambrósio Fernandes Brandão, cristão-novo autor desse *Diálogo*, era dado a engenhos e à cobrança de impostos em prol da monarquia portuguesa. Seu escrito pormenoriza o mundo dos engenhos, que visivelmente alteram a paisagem entre Pernambuco e a Bahia. Esse novo ambiente açucareiro corporifica o maquinário colonial, que atrela o mercado transatlântico de açúcar e o tráfico de africanos com a produção

Prefácio

local dos engenhos no sistema de *plantation*. Nos diálogos, travados entre as personagens de Brandônio e Alviano, Brandão esmiúça os modos pelos quais esse maquinário converte a natureza local em produto colonial.

Neste Bestiário, privilegiam-se os comentários de Brandônio que ajudam a territorializar os animais agrestes e domésticos do ar, das águas, da terra. Poupado de abordar o fogo – segundo Brandão, estéril – nesse Novo Mundo, sem dar muito *spoiler*, adianto ao leitor, esse mesmo território é matéria-prima de J. Borges.

No *Diálogo*, Brandônio fala das plumagens e dos cantos das aves, do resplendor do papagaio, das borboletas sem fim, da fauna terrestre e dos cozidos, dos venenos e causos dos peixes, das ostras e mariscos misturados a sereias e aos naturais e escravizados da Guiné e desta terra. Tudo comparável a Espanha, Portugal e Índia. Embora tome a natureza numa perspectiva global e a coteje com a Antiguidade, Brandônio vale-se da curiosidade, do visto, do ouvir-dizer, da semelhança com outra espécie familiar ou da raridade do ser. Sua descrição, assim, prescinde da exatidão do observado.

Essa abertura nos patamares de significação do *Diálogo* cerca da natureza do Nordeste açucareiro no presente enseja a costura com as xilogravuras escolhidas, engenhando um livro orgânico tal qual a natureza enfocada. Essas xilogravuras parecem remontar a experiência desse passado colonial e parecem estar no presente do próprio Bestiário, em função da qualidade descontínua das imagens.

O livro do *Diálogo* de Brandão se inscreve em uma política de memória oficial da nação, como dito acima, enquanto documento consagrado no campo de uma história colonial do Brasil e, ao mesmo tempo, enquanto obra da literatura colonial. Pois a memória nacional busca reiterar de várias formas e ao longo do tempo a importância e a atualidade deste livro.

Por seu turno, J. Borges, mestre cordelista afamado na América Latina e xilogravador brasileiro internacionalmente prestigiado, é oficialmente patrimônio vivo de Pernambuco, na esteira de uma política da memória cultural que data dos anos 1980 e 1990. Artista de feira, profundamente marcado pelas culturas orais e visuais populares, ele as impulsiona há décadas. Daí também a sua circulação e valoração junto ao escritor Ariano Suassuna, ao artista Ivan Marcheti e ao colecionador Jeová Franklin, interessados nas dinâmicas culturais e nas poéticas populares.

Nas xilogravuras de J. Borges, aqui publicadas, vê-se: o bioma da caatinga com arbustos e plantas espinhosas; a variação das formas dos peixes e das aves no tamanho, no risco e na expressão; as tramas com dragão, macaco e humano, juntos ou apartados, ou aquela da sereia e o crustáceo. Todas com impressão de movimento e exímia execução. As imagens trazem mais concretude ao Bestiário e, paradoxalmente, tonificam sua eloquência.

Há traços do paraíso e dos infernos desta terra no Bestiário. Porém é possível perceber esse livro em nosso "decênio decisivo", expressão contundente do livro *O dêcenio decisivo*:

Prefácio

propostas para uma política de sobrevivência (2023) do historiador da arte e especialista na questão ambiental Luiz Marques. Esse decênio singulariza-se pelas mudanças climáticas que transformam as fronteiras entre história humana e história natural. As próprias condições de mutação da crosta da Terra redefinem a culturalização das temporalidades dos seres viventes ou não, nos impondo uma reflexão e uma imaginação críticas sobre políticas coletivas e partilhadas a respeito dos modos de habitar o planeta. Nessas condições, Bestiário escava passados a partir deste presente, carregado de urgências, e atenta aos trânsitos entre eles a partir de materialidades e linguagens visuais e textuais. De um lado, Bestiário chacoalha os nexos entre natureza e cultura. De outro, notabiliza a força dos saberes artesanais no "Diálogo quinto" de Brandão e em J. Borges, pois ficamos diante de processos em geral naturalizados de fatura da cultura na lida com o meio ambiente. A imaginação leitora agradece.

Nota da edição

Conservam-se dois apógrafos do
Diálogo das grandezas do Brasil, um na Biblioteca
Nacional de Lisboa e outro na
Biblioteca da Universidade de Leiden,
descobertos por Francisco Adolfo de Varnhagen;
ambos foram utilizados para as diferentes edições
da obra no Brasil, iniciadas com uma
publicação parcial pela revista semanal *Iris*,
do Rio de Janeiro, em 1848.
Para o *Bestiário de Brandônio*, baseado no
Diálogo quinto da crônica, foram consultados
os trabalhos de José Antônio Gonsalves
de Mello (FUNDAJ, Ed. Massangana, 1997),
Capistrano de Abreu e Rodolfo Garcia
(Edições do Senado Federal, 2010)
e Caesar Sobreira (CEPE Editora, 2019).
As gravuras foram feitas especialmente
pelo Mestre J. Borges, durante os meses de agosto
e setembro de 2023, em Bezerros, Pernambuco,
terra onde Antônio Fernandes Brandão
chegou em 1583.

DO AR

Além das aves domésticas se acham pelos bosques e campos multidão de jacus*, que são como galinhas silvestres, de tanta estima, que lhes não fazem ventagem as mesmas galinhas, posto que sejam muito gordas; e outra ave, chamada acuaã, da mesma maneira, e não de menos estima; outras a que chamam mutuns, que são do tamanho de um grande galipabo, não menos prezados que eles; jaburu que é muito maior que um pavão, bastante pela sua grandeza a abundar meia dúzia de companheiros, posto que famintos, com ser carne assaz saborosa. Outra ave a que chamam uruís, que não desmerece o nome de boa; inhapupé, semelhantes às perdizes de nossa Espanha, e não sei se me alargue a dizer que são melhores; inhambuaçu, também como as mesmas perdizes e do seu tamanho; nambus, não maiores que as codornizes, as quais não invejam em bondade, gosto e sabor aos tão estimados faisões da Europa; rolas

---

* Os nomes da fauna brasileira, escritos em itálico nas edições de referência, estão indicados em vermelho.

sem conta assaz gordas, que a pouco trabalho se tomam; da mesma maneira codornizes e pombas torcazes. Em todas estas aves agrestes se faz presa à custa de pouco trabalho; e assim ficam servindo, quase como as domésticas, aos moradores da terra.

Acham-se também pelos campos uns pássaros, a que chamam anuns, de uma calidade estranha, que, além do seu canto semelhar ao choro, não têm nenhum modo de sangue, nem nunca se lhes achou, e são de uma cor preta tristonha.

Hiendaias são outros pássaros que se criam no sertão; e, ao tempo da colheita das novidades, principalmente dos milhos, descem às fraldas do mar para se aproveitarem do cevo delas, e nisto são tão importunas que custa muito trabalho o defendê-las deles; porque não basta grandes gritos nem estrondos de bacias, nem o matarem-nas às pancadas, para se desviarem das milharadas; entanto que já vi alguns homens, postos em afronta com elas.

Outro pássaro se acha, chamado sabiá, da feição do melro de Espanha, sem lhes faltar mais que um dobrete; rouxinóis, posto que não são tão músicos como os da nossa terra, por carecerem daquele doce dobrar e requebros, que os outros têm, porque todos os pássaros do Brasil são faltos de semelhante suavidade; cujujuba é um pássaro pequeno e de bico revolto, o qual, em se vendo preso, cerra voluntariamente o sesso, sem fazer mais por ele purgação, até morrer.

Macugagá é uma ave que dá grandes e contínuos brados, repetindo muitas vezes este seu próprio nome; tucano, ave formosíssima, emplumada de várias cores, de sorte que alegra a vista a contemplação delas; canindé se chama a um pássaro, que, por ser pequeno de corpo, tem o rabo muito comprido; apeçu é ave que tem quatro esporões, a modo dos de galo; gurainheté, pássaro de penas amarelas e pretas; garateuma, ave de cor loura, formosíssima; anacans, de feição de papagaio, não são da mesma espécie.

Outro pássaro chamado pelo nome da terra **gurainguetá**. [...] Este pássaro tem tão grande amor aos filhos, que, para os não furtarem, vai lavrar o seu ninho de ordinário a par de alguma toca, aonde as abelhas lavram mel, as quais, por esta maneira, lhe ficam servindo de guardas dos filhos, porque, como todos arreceiam de se avizinhar a elas, temendo o seu áspero aguilhão, ficam os filhos livres de perigo; aos quais mostram tanto amor, que, para efeito de os sustentar, se vão lançar por entre alguns bichos, que se lhe apegam nas carnes, sem recearem que lha comam, havendo por cousa suave padecerem as dores que eles lhe causam a troco de terem, por esta via, a sustentação certa para os filhos, a que os dão a comer, quando têm fome, e só para isto os trazem tanto à mão; e estes pássaros são emplumados de várias cores.

Também há outros pássaros, aos quais chamamos **pica-pau**, por dar uns golpes com o bico nos troncos das árvores, tão grandes, que toda pessoa que os ouvir, se ignorar a

calidade do pássaro, julgará sem dúvida ser machado, com que se corta madeira. Outra ave que povoa os campos desta terra, de belíssimas penas, chamada tamatianguaçu a qual voa sempre muito por alto, por onde vai formando umas vozes, que parecem humanas. E da mesma maneira há outra que lhe não é inferior na formosura da plumagem, chamada curiquaqua, um passarinho que, por não ser maior de um ovo, tem o bico mais de meio palmo de comprimento, ao qual dão por nome araçari. Outra ave chamada miguá, semelhante a pato. Girubas são uns pássaros que criam por barrocas, que têm as penas verdes, cor de mar; e da mesma maneira outra chamada pirariguá. Os dias passados me trouxeram a amostrar um pássaro, que me disseram chamar-se japu, de uma cor amarela, digna de estimar. Guirejuba são umas aves azuis, assaz prezadas da gente da terra; e assim outra ave chamada tiquarém, e outra de cor vermelha, chamada guaxe. Também há outra sorte de pássaros, cujo canto forma o choro de uma criança, que tem por nome cunhatanaipe. Tucanoçu é outra sorte de ave, que tem o bico do tamanho de um palmo, apesar do corpo não ser grande; e outro pássaro a que chamam taraba. Entre estes se acham as arveloas e andorinhas do nosso Portugal.

Outra ave, por nome peitica, a qual é tão molesta e agourenta para o gentio da terra, que os obriga a fazer grandes extremos, quando a topam ou ouvem cantar, como adiante direi, quando tratar dos costumes da terra. Também se acham grandíssimas emas, das quais tenho por fabuloso o dizer-se que comem ferro, porque nunca soube que o comessem, posto que tenho visto muitas. Estas emas, quando correm, abaixam uma asa, e a outra dão ao vento, cruzando-a a modo de vela latina, e assim correm mais que um cavalo; da mesma casta há outras que chamam seriemas, as quais se ajudam dos pés e asas para correr, com o que ficam sendo velocíssimas, sem nunca se levantarem da terra.

De papagaios há inumerável quantidade, que andam em bandos, como as pombas o fazem na nossa terra, fazendo por onde passam grande gralhada, e são bons para se comerem; e destes há diferentes castas, como são os que chamam papagaios-reais, conhecidos pelos encontros das asas, que têm vermelhas, e são os mais estimados para ensinar a falar. Outra casta, a que chamam curicas, que, ainda que não são tão formosos, quando dão em falar, o fazem muito bem. Outros, que se têm por estrangeiros, chamados syia. E da mesma maneira araras, grandes e formosas, que também falam quando são ensinadas. E outra espécie a que dão o nome de tuins, de pequeno corpo e muito lindos, que explicam arrazoadamente tudo o que lhes ensinam; e destes tais os mais estimados são os que se chamam quaiquaiais, de penas pardas, pretas e verdes.

Ainda me ficam outras tantas por nomear, por me não ser possível fazer conserva na memória de tanta diversidade delas, que ainda não tratei das muitas sortes de aves de volataria, que se acham nesta terra. As aves são

todas de tanta bondade, que as melhores, criadas em Irlanda, não poderão ter nunca com elas comparação. As de mais estima destas aves é uma sorte delas a que chamam garataurana que, como o rei lhe criou a natureza coroa na cabeça, quase ao modo de crista de galo, que entre todas as aves de volataria pôde levar o preço em ligeireza e agilidade, que tem para caçar. [...] Quero contar o caso que vi suceder a uma ave destas. Um homem assaz nobre, capitão-mor por Sua Majestade de uma das capitanias do Estado, tinha um pássaro destes já domesticado, que criava em casa, o qual, alevantando-se acaso da alcândora, se foi pôr sobre um monte de pedras que estavam juntas dali perto. Houve vista dele um grande gato e, cuidando que tinha a presa certa, se foi chegando para o pássaro com intenção de o atropelar e levar nas unhas; mas ele, tanto que sentiu vir o gato, levantou uma perna, ficando sobre a outra; e ambos estiveram assim por um pequeno espaço, imaginando um de se cevar no outro, e o outro no outro; até que, alevantando a cabeça o gato, se lhe lançou em cima o gavião e desta sorte engarrafou nele com as unhas, que, a pouco espaço, abrindo o gato as mãos e pernas, ficou morto, e quando lhe quiseram acudir, já o estava. [...] Dali a poucos dias trouxeram de presente ao senhor da casa um leitão arrazoadamente grande, o qual, soltando-se nela, deu o gavião sobre ele, e em breve espaço lho tiraram das unhas morto.

Há outro modo de falcão ou gavião, que não sei de que espécie seja, também muito ágil para caça, mas não tão grande, como os de que fiz menção, de que um dos tais se chama *piron* a outro *gambiá-piruera*, e outra casta a que chamam *eixua*, e outra semelhante, que tem por nome *taguate*, e outras *guará-guará*, e também *guaquaque*; e do mesmo modo *jaqueretu*, o qual é assaz feio na composição. E entre estes todos, há uma casta chamada *tuindá*, que caça de dia e de noite. Todos estes pássaros, que tenho nomeado, são de bico revolto e de unha retorcida. [...] São excelentes para o uso da caça; porque levam na unha

qualquer galinha, por grande que seja, e alcançam a mais ligeira ave, quando a seguem.

Outros pássaros há que não se mostram senão ao pôr do sol, já quase noite, em grandes bandos, e não pequena gralhada, a que chamam burau, e eu os comparo aos aivões da nossa terra. Cacum se chama uma ave que nunca dorme e faz da noite dia.

Também há buítres que cá se conhecem com o nome de urubu, maiores que os da Europa. Demais, das aves de que tenho tratado, há infinidade de outras, que se sustentam de pescados, e pastam sobre os rios e alagoas, todas de maravilhoso gosto no comer, como são patas e adens formosíssimas, e outra sorte desta qualidade, a que chamam airires, patoris, maçaricos, sericos, colhereiras vermelhas e brancas, que dão maravilhosas plumagens. Outra sorte a que chamam caram, a modo de maçaricos; gaquara, que é uma ave que não pesca senão de noite; gararina, que de ordinário mora dentro das águas. De todas estas aves se acham grande quantidade por todos os rios e alagoas, e se tomam com facilidade à espingarda, frecha, e outros modos, que para isso buscam. E com isto confesso que tenho esgotado a memória de tudo o que tinha conservado nela para haver de dizer acerca das aves, com me ficarem outras muitas, que me não vieram à notícia.

Nos anos secos costuma nestas partes a descer do sertão inumeráveis borboletas de diversas cores, que quase ocupam e enchem com a sua multidão o côncavo do ar mais baixo; as quais todas levam diretamente o seu caminho enfiadas com o Norte, sem, por nenhum caso, se desviar daquele rumo; de maneira que nunca vi ferro tocado na pedra ímã que tão direito se inclinasse ao Norte; e entanto sucede isto assim, que se acaso pelo caminho por onde vão passando, encontram com algum grande fogo, antes se contentam de alevantar no alto, para haverem de passar por cima dele, com levarem o seu rumo direito, do que se desviarem para uma das partes, que lhes foram mais fáceis; com esta ordem vão correndo sempre, em igual multidão, por espaço de doze e quinze dias até passarem, dando remate à sua jornada com se afogarem nas águas do mar.

DAS ÁGUAS

Me contento de dar princípio ao que tenho para dizer dos pescados que habitam no terceiro elemento das águas. Dos quais é bem que demos o primeiro lugar ao regalado vejupirá, porque creio dele que, entre os demais peixes de posta, pode levar a palma a todos em bondade, e que lhe fica muito inferior o prezado solo da nossa Espanha; carapitanga, outra sorte de pescado medianamente grande, muito gostoso; cavalas, das quais todas as que se tornam neste Estado são excelentes; o peixe chamado serra, tão prezado na Índia Oriental; camaropim, pescado grande e de bom comer, cujas escamas são do tamanho de um meio quarto de papel, aos quais vi fazer uma cousa estranha, na qual me mostraram claramente haver também amor entre estes mudos nadadores. [...] Em uma tapagem, que estava feita em certo rio para pescarem nela (a que, nesta terra chamam gamboa), se chegaram dois peixes

de semelhante espécie, dos quais entrou um para dentro, ficando o companheiro de fora; o que entrara tapando-se-lhe a porta, ficou preso, e, com a vasante da maré, foi tomado e morto. O companheiro ou, para melhor dizer, consorte, que tal devia ser, que ficara de fora, esteve esperando por ele todo o tempo que a maré lhe deu lugar para o poder fazer, mas tanto que as águas foram faltando, por não ficar em seco, se desviou daquela parte, e se foi, dando primeiro algumas pancadas grandes com o rabo sobre as águas, quase querendo mostrar com elas o sentimento que levava e depois tornou a continuar a mesma paragem por espaço de seis ou oito dias, sempre ao tempo que a maré enchia, como que vinha buscar o companheiro no lugar onde o perdera e ali dava as mesmas pancadas na forma das primeiras.

Também se pescam muitos dourados, meros, moreias, pescadas, tainhas, cações, albacoras, bonitos, lavradores, peixe-espada, peixe-agulha, xaréus, salmonetes, sardinhas;

todas estas sortes de pescados são gordos e gostosos para se comer.

Quero dizer da estranheza de um peixe, se assim se deve chamar, o qual é conhecido por peixe-boi, nome que lhe foi posto por se assemelhar no rosto quase com o mesmo animal, posto que é maior dois tantos, não em ser levantado, mas na largura e comprimento; porque em alguns desta espécie se acha mais peso do que têm dois bois. Este pescado se toma e pesca às farpoadas pelos rios aonde desembocam os de água doce, e comido tem o mesmo sabor e gosto da carne de vaca, sem haver nenhuma diferença de uma cousa a outra, entanto que, se misturarem ambas as carnes em uma panela dificilmente se conhecerá uma da outra. E por este respeito se come este pescado cozido com couves, e se faz dele picados e almôndegas, com aproveitamento para tudo o de que se usa da carne de vaca, e algumas pessoas a dei para comer e lhes não disse o que era, e ficaram entendendo que comiam carne de vaca.

Ubarana é um bom pescado; e da mesma maneira outro chamado gaibicuaraçu e pelo conseguinte camorim; e um peixe pequeno a que chamam peixe-pedra, por ter outra dentro da cabeça em lugar de miolos; e por muito sadio é assaz estimado por doentes, com se pescarem em grande quantidade.

Corimã é pescado de feição de tainhas, mas maiores e mais gordas; carapeva é peixe estimado por gordo, o qual se acha no mar e também nos rios de água doce; curumatã é reputado por sável de Portugal, porque são da própria feição, e têm tantas espinhas como ele; piranha é pescado pouco maior de palmo, mas de tão grande ânimo que excedem em ser carniceiros aos tubarões, dos quais, com haver muitos desta parte, não são tão arriscados como estas piranhas, que devem ter uma inclinação leonina, e não se acham senão em rios de água doce: têm sete ordens de dentes, tão agudos e cortadores, que pode muito bem cada um deles fazer ofício de navalha e lanceta, e tanto que estes peixes sentem qualquer

pessoa dentro n'água se enviam a elas, como fera brava, e a parte aonde a ferram levam na boca sem resistência, com deixarem o osso descoberto de carne, e por onde mais frequentam de aferrar é pelos testículos, que logo os cortam, e levam juntamente com a natura, e muitos índios se acham por este respeito faltos de semelhantes membros.

Há outra casta de pescado que chamam peixe-galo, por ter o espinhaço muito alevantado. Salé é de outra casta e também assaz bom; suaçu é peixe que tem grandes olhos, gostosíssimo de comer; saúna que é a modo de mugens; mandeu da feição de solhos; roncadores, corcovados e baiacus, cuja propriedade estranha em ser peçonhento causa espanto. [...] Este pescado, além de não ser muito grande, semelha a sapo e o fel dele é tão finíssima peçonha, que toda pessoa, que o come ou cousa que fosse tocada nele, não pode escapar de perder a vida, por ser o mais refinado veneno de todos quantos se acham no Brasil, e, contudo, quando se tira o fel a este pescado, de maneira que se não quebre, nem se espalhe, tocando por algumas partes do corpo, se come a carne do pescado assada ou cozida sem nenhum impedimento. [...] Ainda tem este peixe outra propriedade, a qual é que, depois de estar morto, se lhe esfregam a barriga, vai logo inchando como sapo.

Tamoatés são outros que se armam, e depois que o estão, as suas escamas parecem lâminas; arares se armam também da mesma sorte, e têm a cabeça maior do que o corpo; jacundã é peixe de água doce, excelente para se dar a comer a doentes; piabas e saras possuem a mesma propriedade; tararira é pescado de muitas espinhas, que cria dentro na cabeça uns bichos. Também há muitas tartarugas, que, com ser peixe marítimo, vêm a desovar na terra, e nela, de ovos que põem, tiram seus filhos.

A terra deste Brasil é tão caroável de produzir pescados, que nos campos por onde nunca os houve, quando pelo inverno se formam neles alagoas, logo se acham nelas mais peixes, a que chamam **muçus**, semelhantes a enguias, e quantidade grande de camarões; de modo que todas as pessoas que vivem pelo sertão se sustentam deles, com mandarem meter de noite uns covos, com algum cevo dentro, pelas tais partes, e de madrugada os mandam tirar cheios de semelhantes pescados.

Também se criam pelas lagoas e rios um animal a que chamam **capivara**, os quais vivem nas águas e pastam sobre a terra, semelhantes à lontra na natureza, mas não nas feições, o qual é bom para se comer. [...] Além destas capivaras, se acham também pelos mesmos rios e alagoas uns lagartos grandíssimos, a que os naturais da terra chamam **jacaré**, mas não tão carniceiros como os da Índia. Estes lagartos põem ovos ao modo dos de patos, mas não são redondos, porque são algo um tanto chatos, os quais têm em o choco dentro da água, somente em olharem para eles, porque a sua vista é bastante para produzir neles os filhos, como as aves o fazem com o

calor das penas; e ao tempo nascem deles lagartinhos.

Nesta costa se acham muitas e muito grandes [baleias], principalmente no verão, e delas saem algumas à costa de que se faz azeite de peixe; e na Bahia matam muitas às farpoadas alguns biscainhos de que fazem o mesmo azeite, por ser cousa que tomaram por ofício. [...] Que as baleias lançam o âmbar na terra, é engano manifesto; porque não há tal, que a causa de vir a terra não é outra senão que essas mesmas baleias e outros grandes pescados o vão buscar para o comerem no profundo das águas marítimas, onde nasce em grandes arrecifes, e, com a força que fazem para o espedaçarem, se quebram alguns pedaços, uns grandes, e outros pequenos, que depois o mar lança à costa, onde se acham; posto que há poucos dias que me certificaram uma cousa, que sucedeu nos limites do Rio Grande, assaz verdadeira, a qual desbarata tudo o que acima digo, acerca da criação do âmbar. [...] Afirmaram-me dois homens dignos de fé e crédito pelo haverem visto com o olho, que nas praias do Rio Grande, no Cabo Negro, um morador da mesma capitania, por nome Diogo de Almenda, condestable da fortaleza, achara nela um pau do comprimento de um braço e case da mesma grossura, que o mar lançara à costa, o qual tinha dois esgalhos de rama na ponta, um deles já quebrado, e outro inteiro, que tinha algumas folhas secas, que semelhavam as de acipreste, e por este pau vinha pegado ao modo que o faz a resina pelas árvores, três ou quatro onças de âmbar gris, muito bom, que parece que no fundo das águas se criam também em árvores, da sorte daquele pau, que dão o âmbar por resina. E se assim é, enganaram-se os que entenderam até agora que nascia como arrecifes, e deram no alvo os que queriam que fosse resina; porque o pau achado dá disso bastante prova. E porque o haver-se achado este pau não é cousa em que possa haver dúvida, faço volta a tratar dos mariscos, dos quais os primeiros quero que sejam quantidade grande de polvos, lagostins e lagostas, que se tomam pelos arrecifes nas conjunções das águas vivas, quando a maré está já descoberta de todo. [...] Tomam-nos de noite com fachos acesos, donde o tal marisco, espantado da luz deles, se deixa tomar sem fugir. Também há soma grande de **perseves**, e outro marisco, a que chamam **lapas**, **caramujos**, e **ostras**, das quais se acha tão grande multidão, que quase ficam servindo de ordinário mantimento aos moradores desta terra, principalmente aos que vivem chegados ao mar. E destas ostras vi já algumas tamanhas, e não o digo por encarecimento, que era necessário ser partido o seu miolo às talhadas com faca, para se haver de comer. Dão-se pelos rios salgados, nas margens dos mesmos rios, e pelos pés, ramos e troncos de uma árvore, a que chamam mangue.

Há muitas **ameijoas**, e outro marisco a que chamam **sapimiaga**, e sobretudo um de qualidade estranha, a que dão nome de **sernambim** [...] diferente da que têm todos os mais, porque se acha nele sangue, na forma que o têm os pescados, sem embargo de estar encerrado na sua concha, cousa de que todo outro semelhante marisco carece, e sobretudo, o que mais espanta é que, nas conjunções das luas, lhe acode o menstro, como costuma a vir às mulheres.

Acham-se também na terra diferentes castas de caranguejos, que são verdadeiro sustento dos pobres, que vivem nela e dos índios, naturais e escravos de Guiné, pela muita abundância que há deles, e pouco trabalho que dão em se deixarem tomar; há uma casta dos tais, a que chamam **uçá,** e outra **siri**, e também **guajá**, e da mesma maneira **guoazaranha**. **Aratu** é outra casta deles, que se tem por contra peçonha, que chamam **garauçá**; e sobretudo os **guanhamus**, cuja natureza causa espanto. [...] Esta sorte de caranguejo faz sua habitação em terra, ao longo dos rios salgados, por covas e lapas, que nela fazem com tirarem a terra para fora, para lhes ficar despejado o lugar de baixo, ao modo que as formigas fazem os seus formigueiros, e dali se sustentam com as ervas e frutos, que se produzem na terra, porque ainda entre as

sementeiras cultivadas, fazem a sua morada, com lhes fazerem assaz dano. Estes tais se tomam, tirados das covas e por fora delas, com serem maravilhoso comer, e criarem dentro em si grandes e fermosos corais; e, o que mais espanta, é que, com as primeiras águas, que costuma a chover por estas partes pelo mês de janeiro ou fevereiro, saem de suas furnas em grandes esquadrões, donde se espalham pelo sertão quase uma légua, ocupando os campos, onde nunca chegou o salgado, nem sombra dele. E por os tais se tornam inumeráveis, e ainda de irem eles, de por si, a meter pelas casas das pessoas, que por aquelas partes moram, com serem os que se tomam por esta maneira os mais gordos e gostosos para se comerem. E dizem os naturais, quando se acham estes caranguejos por esta maneira, que andam ao *atá*, que soa tanto como andarem lascivos.

DA TERRA

Porque tenho ainda muito que dizer das feras agrestes e domésticas, será bem que deixemos o mar, e ponhamos a proa em terra, que é o quarto elemento, de que ainda não tratamos a respeito das feras. [...] Começarei pelo neptunino, ligeiro e belicoso cavalo, dos quais, posto que há muitos, abundara inumerável quantidade nestes campos americanos, entanto que nos de Buenos Aires se não criara tanta cópia deles, mas têm cruéis inimigos que os perseguem com lhes tirarem a vida; os quais são os escravos de Guiné, que os matam sem reparo, para os haverem de comer, em qualquer parte que os acham, e ainda aos regalados e de muito preço furtam das estrebarias, onde estão, para o mesmo efeito. E deixando isto de parte, digo que os cavalos desta terra são grandes sofredores de trabalho, com andarem desferrados; porque, ou seja por serem mais duros dos cascos, ou pela terra ser menos pedregosa, não têm necessidade de

ferraduras; e sucede de ordinário a um cavalo destes correr-se nele, em uma tarde, canas, argolinha e pato acompanhado tudo de muitas carreiras, e às vezes continuam neste exercício três e quatro dias a réu, com terem para tudo alento, e os acharem tão inteiros no princípio como no cabo; sendo assim que um só exercício destes bastara para aguar vinte cavalos dos de Espanha, e estes têm alento para tudo, com comerem mal, porque o seu mais ordinário mantimento é erva, a que nesta terra chamam capim; e de maravilha se lhe dá um pouco de milho, porquanto não se acha todas as vezes que se busca.

Também há nesta terra quantidade grande de gado vacum; todo de muitas carnes e gordura, excelente para se comerem, que dão infinidade de leite, do qual não se sabem ou querem aproveitar, e a maior utilidade que do tal gado tiram, são os novilhos, de que se fazem bois mansos para serviço dos engenhos e das lavouras, com ser das melhores fazendas que há na terra. E conhecia eu um homem que tinha mais de mil cabeças de gado vacum, dividido por currais, dos quais tirava grande proveito; e outros têm menos, posto que todos pretendem ter currais de vacas, por ser fazenda de muita importância.

Também se produzem na terra muitas ovelhas, carneiros e cabras, e tanto que das ovelhas parem muitas de um ventre dos carneiros, e das cabras a dois e a três cabritos. [...] Deste gado ovelhum e cabrum se forma também outra espécie, da qual eu já tive e muito; a qual é uns mestiços, filhos de ovelhas e de cabrão, que, representando a feição de ambos os pais, tomam de um uma cousa, e do outro a outra, com que se forma quase outro animal diferente na composição e são excelentes para se comerem.

Acham-se por estas partes muitos animais, a que chamam anta, do tamanho de um boi, os quais se criam pelos campos, e se caçam à espingarda e em fojos, e tem boa carne para se comer.

Também há inumerável quantidade de veados, corças e porcos. [...] Os porcos são de diferentes castas, como é uma a que chamam teaçu, e outra taitetê, que são os nomes por que são conhecidos os tais porcos, por serem uns maiores, e outros menores; e todos os de semelhante casta têm os umbigos nas costas, diferente dos que vieram da Espanha, porque parece que assim os quis criar a natureza. [...] Estes animais se matam à espingarda e flecha, e por armadilhas e fojos como tenho dito, todavia há uma casta deles, que se caça por um modo estranho; o qual é que vai o caçador à parte onde já tem feito certo o bando deles, e ali, antes de se amostrar, escolhe uma árvore que lhe fique mais acomodada para poder subir nela, quando lhe for necessário, e como a tem preparada, mostra-se só bando dos porcos com dar, alguns brados, os quais, tanto que o sentem, arremetem a ele, como leões, para o espedaçarem. O prevenido caçador se acolhe à árvore, onde espera que o bando dos porcos chegue a ele, que incontinente o fazem, roendo-lhe as raízes e tronco, por não poderem chegar ao que se acolheu em cima; mas o pronto caçador, como os vê envoltos naquela braveza, não faz mais que, com agudo dardo, que leva nas mãos, picar um dos porcos, de modo que lhe tire sangue, donde os outros em lhe vendo correr, arrematam a morder ao que está sangrado, e ele, por se defender, morde também aos que o perseguem; e assim se vão dessangrando uns aos outros, enganados com o cevo do sangue, que cada um de si derrama, até que travam todos uma cruel batalha, na qual se vão espedaçando com os dentes até caírem mortos, estando a tudo o caçador seguríssimo assentado sobre a árvore, donde com muito gosto espera o fim da contenda para colher o despojo, o que faz de muitos porcos, que no mesmo lugar ficam mortos, os quais faz levar para sua casa, donde ordena deles o que lhe parece, por ser carne de maravilhoso comer.

Também se acha quantidade grande de outro animal, a que chamam pacas, o qual é muito maior que lebre, listado de pardo e branco, cuja carne, por gorda, é semelhante da de porco, mas mais gostosa para se haver de comer. Cutia, que é um animal pequeno, que se faz doméstico, e anda pelas casas, quando o querem trazer nelas; e também outra sorte dos semelhantes, a que chamam quati e assim uns como o outro são bons para se comerem. Tatu é um bicho que se vê pintado nos mapas pela sua estranheza e feição, de que é composto; porque anda armado de umas couraças, à maneira das que nós usamos, com não serem pouco fortes, e debaixo de semelhante armadura agasalham o seu pequeno corpo. E destes tais se acham muitos, que se estimam para a mesa.

Jarataquaqua é animal do tamanho de um gozo, de cor parda, da mais rara e estranha natureza, de quantos o mundo tem, a qual é que se acaso, andando pastando pelo campo, for acormetido de alguma pessoa que o pretenda tomar vai fugindo dela; mas, quando se vê apertado, larga, para sua defensão, uma ventosidade que é poderosa, com o seu

ruim cheiro, de abater e lançar por terra, sem acordo toda cousa viva que o segue, quer seja homem, quer cavalo, quer cão, ou outra qualquer sorte de animal, sem nenhum reparo, e ali fica arvoado, sem dar acordo de si, por três ou quatro horas; e, o que faz maior maravilha, é que os vestidos, sela, estribos, ou a coleira do cachorro, a que alcança o ruim cheiro da ventosidade, nunca mais aproveita para nada, e se deve de entregar ao fogo para que o consuma. E não basta ao homem, a quem isto sucedeu, lavar-se uma, dez, nem vinte vezes dentro da água para efeito de perder aquele ruim cheiro, antes prevalece nele por espaço de oito ou dez dias, até que, com o tempo, se vai gastando. E a mim sucedeu, estando um dia vendo pesar açúcar, a entrar na casa um homem, ao qual havia mais de sete dias que havia tocado a ventosidade do animal, e com vir já lavado muitas vezes, cabelo e barba feita, e outro vestido, tanto foi o mau cheiro, que de si lançou que nos obrigou, aos que ali estávamos, a desamparar a casa e sair fugindo para fora, como ignorarmos o caso, até que ele próprio contou o que lhe havia sucedido.

Também se acham na terra muitos coelhos, dos nossos de Portugal, não por serem naturais de lá mas parece que deviam de transmontar a alguns, que de lá vieram, e dos tais produziram os muitos que agora há. Também há outra casta dos naturais, a que chamam sauja, mas mais pequenos; e outros, por nome punari, de rabo grande semelhante a rato; e da mesma maneira apariás, que são excelentes para se comerem; e assim uma casta deles, muito pequenos, a que chamam mocó, os quais se fazem domésticos se trazem pela casa, para contra os ratos, por serem grandes perseguidores deles. Também na outra sorte, a quem chamam reruba, que todos são da espécie de coelhos, uns pequenos, e outros grandes.

Aquostimeri é animal pequeno, o qual tem o rabo tamanho que lhe baste para se cobrir todo com ele; e assim, quando o topam, não se lhe enxerga mais que o rabo, porque o corpo lhe fica escondido debaixo. Mocó ou quaquou, por outro nome, são uns bichos do tamanho de um láparo, com os quais dispensou natureza que tivessem bolso debaixo da barriga, dentro no qual agasalham os filhos, depois que os parem; e quando caminham os levam ali dentro metidos, e estando parados, os soltam para que pastem e comam pelo campo, e, querendo outra vez caminhar, os tornam a receber.

Tamendoaçu é um animal de cor parda e branca, do tamanho de um poldro de seis meses; o qual tem o rabo tão comprido e largo, que é bastante a cobri-lo todo dos pés até a cabeça; e a sua carne é muito boa de comer. Também há na terra diversos modos de raposas, grandes caçadoras, principalmente de galinhas, que lhes não escapam, quando lhes podem chegar.

Irara é um animal do tamanho de um gato, de cor negra, focinho comprido, a boca de feição coelho, cujo verdadeiro mantimento são formigas e delas se sustenta. [...] Uma para o efeito de uma estranha invenção, a qual é que vai buscar os formigueiros e outros lugares por onde costumam a andar formigas, e ali, lançado em terra, bota fora da boca a língua, a qual, por ser muito comprida, e ter muita viscosidade, se cobre incontinente de formigas que, uma atrás das outras, concorrem a buscar o cevo, e, como o bicho sente que se ajuntaram já muitas, recolhe a língua para dentro, com levar nela um arrazoado bocado, a ele comido, torna a largá-la outra vez, e muitas até se fartar do seu mantimento, que por outra maneira não lhe é dificultoso o buscá-lo.

Também há nesta terra muitos camaleões, que se chamam pela língua natural dela sene-bu, os quais são grandes e formosos, e de cor verde, que é a sua natural; e acontece estarem sobre uma árvore, por espaço de dois ou três dias, sem se mudarem dela, parece que sustentando-se do vento, como escrevem os naturais. [...] Eu vi já muitos, que, postos sobre panos de diferentes cores, depois de estarem sobre eles por algum espaço, vão tomando quase a mesma cor, posto que não tão perfeita, nem distinta; e o gentio da terra os come e diz deles ser boa carne. Teju é um sardão, grande perseguidor de galinhas, e contudo estimado para se haver de comer.

Jia é animal de feição de rã e tamanho como um cágado, bom para se haver de comer, e quem quer que o tiver carecerá de boa ceia.

Também há nesta terra um estranho animal ao qual os nossos portugueses chamam preguiça, e o gentio natural aum. [...] Esta preguiça é do tamanho de um cachorro, posto que não tão alevantada, de um estranho rosto e feições, tem a cor parda e preta, e as mãos e pés com dedos muitos distintos e acompanhados de grandíssimas e agudas unhas; é bicho dotado por natureza de grande freima e preguiça, em tanto que para haver de subir ou baixar de uma árvore, posto que pequena, gasta pelo menos dois dias de tempo, e pela

O CAMALIÃO E O MA

terra lhe sucede o mesmo para se haver de mover pequeno espaço; porque para levantar e estender um braço, e depois fazer o mesmo do outro para ir avante, faz intervalo de um bom quarto de hora, sem bastar, para que se mova com mais alguma pressa, açoites, feridas, nem ainda fogo; porque, da mesma maneira e pelo mesmo compasso vai mostrando as mãos e pés, como se lhe não fizeram nada e tem tanta força neles, que onde quer que aferra, não há poder lhos desaferrar, senão com grande trabalho. Os filhos, enquanto são pequenos, trazem sempre consigo pegados pelo corpo; porque eles têm cuidado de se aferrarem no pai ou mãe, de maneira que nunca os largam até serem grandes.

Aguará-açu são uns animais à feição de cão. Maracaia são de feição de gato, posto que do mato, muito fermosos, por terem todo o corpo listado. Tiquaã é outro gato, também do mato, mui agourento para os índios, em tanto que, se acaso os encontram, tendo começado qualquer jornada, desistem logo dela, por lhes parecer que lhes não pode suceder bem, havendo visto semelhante bicho. Heirate é um animal grande, o qual sobe sobre as árvores, onde vê que há mel, do modo que o fazem os gatos, e depois de estarem em cima delas, com os dentes e unhas furam o tronco para haverem de comer o mel, e assim se fartam dele, sem arrecearem o aguilhão das abelhas.

Juparra é outro animal grande caçador, e a ele caçam também os índios com cachorros, para o haverem de comer; quandu é uma casta de ouriço da feição dos de Portugal, de que também os índios se aproveitam para seu mantimento; guasuni é cachorro-do-mato, medianamente grande; jagararuapém é um animal, não muito grande, grandíssimo caçador e mateiro para semelhante arte. [...] Os formosos e lindos saguins se criam nesta província, donde os levam para Portugal, com serem lá estimados pelo seu bom cabelo, pequeno corpo, feições de rosto, e viveza dos espíritos.

Nesta terra se produzem grande quantidade de bugios, de diferentes castas, uns muito grandes e outros mais pequenos; os grandes são chamados guaribas, dos quais direi por derradeiro. Destes, que não são tamanhos, se conhecem diferentes habilidades e costumes, dos quais o primeiro seja que têm de costume ir furtar o milho pelas milharadas, quando ele está de vez, e para o efeito se previnem deste modo: antes de descerem das árvores, elegem dentre si três ou quatro espias, que dividem pelas partes por onde melhor se descubra o campo de cima de grandes árvores, os quais estão sempre vigiando com o olho aberto; e os demais bugios, havendo-se com esta prevenção por seguros, descem abaixo a fazer seu furto, levando cada um deles, por uma estranha invenção, a três e quatro espigas, e se não forem sentidos, se recolhem com elas; mas, se acaso vem gente, estando ainda ocupados no furto, lhes fazem sinal as espias, com darem certos brados, que como são ouvidos dos demais, se recolhem com presteza no estado em que se acham; e se acaso as espias se descuidaram, e sobreveio gente, sem lhes haverem dado sinal, estando eles ocupados no furto fazem o melhor que podem; e o primeiro que fazem é arremeterem às sentinelas, e aos bocados as espedaçam, com lhes darem por esta via o castigo do seu descuido. [...] Outra cousa estupenda vi contar dos mesmos bugios, posto que a não possa testificar de vista, mas afirmaram-me pessoas dignas de fé; a qual é que, quando o rebanho destes animais vai fazendo o seu caminho pelo inverno se acaso encontra algum rio crescido, que lhe impeça a passagem, porque a nado o não podem fazer, pelo intervalo dos filhos pequenos que consigo levam, usam de uma maravilhosa indústria para não deixarem de continuar o seu caminho, a qual é que buscam duas árvores crescidas, que fiquem fronteiras uma da banda do rio e a outra além, e subidos à árvore, da parte donde se acham logo em uma rama dela, que pende sobre o rio se aferra um dos tais bugios com as mãos, deixando o corpo dependurado para baixo, e àquele se lhe ajunta outro, com lhe fazer da mesma maneira presa com as mãos na petrina, e logo outro, e muitos, até que se forma por este modo uma corda de bugios, e como está bastantemente comprida se embalança tanto com ela, de uma parte para outra, até que o último bugio, dos de baixo, possa aferrar com as mãos a rama da árvore que lhe fica vizinha da outra parte, na qual, fazendo força, vai atesando a corda pouco a pouco, e depois que o está, por riba dela passam os demais bugios com seus filhos às costas; e como tais estão já da outra parte, o primeiro, que se aferrou do tronco na árvore oposta, solta também as mãos dela, e fica da outra parte com os companheiros; porquanto o que está de além não se solta, tendo a corda em perfeição até que o outro passou por esta via, e se ajunta com os demais.

A outra sorte de bugios se chama **guaribas**, os quais são muito maiores e têm barba, e no modo que vivem e providência com que se governam, quase que se querem parecer com a gente humana. Estes fazem sempre sua habitação por cima de grandes matos e crescidos arvoredos juntos em cabildas, donde estão em contínua grita, que se ouve de muito longe, e toda pessoa que ignorar a causa terá para si serem vozes humanas, ou som de instrumentos, porque daquela maneira respondem. Estes guaribas costumam a fazer-se a barba uns aos outros, quando as têm crescidas, ajudando-se para isso de certas pedras agudas, unhas e dentes; e quando se lhes tiram com algumas flechas e delas são ligeiramente feridos, tornam com muita brevidade a tirá-la logo do corpo; e com acendida cólera a arremessam contra o que lha atirou, intentando fazer o mesmo que lhes fizeram, e a ferida curam depois com facilidade, aplicando-lhe certas ervas só deles conhecidas. E quando sucede serem feridos de ferida penetrante e mortal, conhecendo seu mal antes de se entregarem a morrer, se dependuram na árvore em que estão, liando na rama dela o rabo, de sorte que morrem ali dependurados, sem caírem para baixo, tanto aborrecem o serem presos de seus matadores.

Também se acham nesta terra umas onças ou tigres muito listados, do tamanho de um bezerro, grandes perseguidores do gado doméstico, do qual costumam matar muito [...] com se arremessarem a ele, e lhe darem com a mão uma bofetada sobre a cabeça com tanta força que é bastante — oh cousa maravilhosa! — a lhe quebrar os cascos por muitas partes, com lhe espargir os miolos, morrendo logo a vaca ou novilho a que isto aconteceu, sem por a parte de fora lhe fazer ferida, nem mostrar sinal por onde recebera tanto dano. [...] Também há outra sorte desta mesma espécie, de menor corpo, a que chamam suçuarana, que costuma de matar alguns bezerros e gado miúdo. Não são tão daninhos como os outros.

Não quero calar as diferentes castas de cobras peçonhentas, que se acham por toda esta província, como são jararacas, saracucus, cobra-de-coral, e outra a que chamam cascavel, porque tem uns nós no rabo semelhantes a eles, e quando os meneia com força formam um som que se parece com eles. Estas todas são peçonhentíssimas, e matam as pessoas a que mordem em breve termo, e por isso são mui temidas. Outra sorte há também de cobra, muito maior, a que chamam boaçu, e nós cobra de veado, porque comem, engolindo um inteiro, quando o tomam. Caçam dependuradas sobre árvores. E de salto fazem a sua presa; e já sucedeu arremessarem-se a homens que mataram, com lhes meterem o rabo pelo sesso, por ser parte aonde logo acodem com ele. E destas semelhantes cobras vi eu uma tão grande que tenho temor de dizer a sua grandeza, temendo de não ser crido, e se afirma também delas uma cousa assaz estranha, a qual é que, depois de mortas e comidas dos bichos, tornam a renascer como a Fênix, formando novamente sobre o espinhaço carne e espírito.

* * *

Ambrósio Fernandes Brandão

Portugal, ca. 1555 - 1618

Do português Ambrósio Fernandes Brandão, mais do que provável autor do *Diálogo das grandezas do Brasil,* sabe-se que era um cristão-novo, comerciante, cobrador de dízimos, capitão de mercadores e proprietário de engenhos. É possível que fosse natural do Algarve. Em duas ocasiões foi denunciado ao Santo Ofício por práticas judaizantes, a segunda vez no Brasil, onde viveu por 25 anos; em Pernambuco, de 1583 a 1597 e, depois de uma década em Lisboa, na Paraíba, entre 1607 e 1618. Desse ano, que pode ter sido o de sua morte, data o *Diálogo*, obra anônima que só seria descoberta e publicada parcialmente no século XIX e atribuída a Fernandes Brandão no século seguinte por Capistrano de Abreu e Gonsalves de Mello. O texto evidencia os amplos conhecimentos humanísticos do autor sobre mitologia, filosofia, ciências naturais e cosmografia. Na opinião de José Honório Rodrigues, suas páginas "são documentos capitais do século XVII e constituem a crônica mais positiva, a descrição mais viva, o flagrante mais exato da vida, da sociedade, da economia dos moradores do Brasil". De 1623 em diante, o rastro de Brandão se perdeu. Sabe-se que, após sua morte, os engenhos de sua propriedade foram confiscados de seus herdeiros pela Companhia Holandesa das Índias Ocidentais. Restaram seus diálogos, que testemunham seu fascínio pela terra brasileira.

J. Borges

Bezerros, Pernambuco, 1935-2024

José Francisco Borges foi um dos maiores artistas populares da América Latina e uma figura emblemática da tradição do cordel, "folhas soltas" vendidas em mercados com textos e imagens que contam histórias extraordinárias. Ele entrou na escola aos 12 anos de idade, mas abandonou os estudos após dez meses para trabalhar como pedreiro, ceramista, pintor, carpinteiro e vendedor ambulante. Sem quase nenhuma educação formal, J. Borges alfabetizou-se para ler versos de cordel e, em 1964, publicou sua primeira obra no gênero: *O encontro de dois vaqueiros no Sertão de Petrolina*, que foi seguida por mais de duzentos cordéis até hoje. Em 1993, ilustrou *As palavras andantes*, do escritor uruguaio Eduardo Galeano e, em 2016, *O lagarto*, do Prêmio Nobel de Literatura José Saramago. Sua obra, apreciada em todo o mundo, teve exposições na Alemanha, Estados Unidos, França, Itália, México, Portugal e Suíça. Em 1990, J. Borges recebeu a Medalha de Honra ao Mérito da Fundação Joaquim Nabuco; em 1999, a Ordem do Mérito Cultural da Presidência da República; em 2000, o Prêmio Cultural da Unesco na categoria Ação Educativa/Cultural; e, em 2006, foi reconhecido como Patrimônio Vivo de Pernambuco. Morreu na sua cidade natal, onde ensinava a arte da xilogravura a sua família.

J. Borges faleceu em 26 de julho de 2024,
pouco antes da impressão do *Bestiário de Brandônio*.
Dedicamos esta obra à memória do grande Mestre
e à sua arte, esplendor do verdadeiro.
Os editores

© 2024, do projeto editorial e das ilustrações: Alejandro García Schnetzer
© 2024, Livros da Raposa Vermelha, São Paulo, para a presente edição.
Xilogravuras: J. Borges, 2024

Acompanhamento editorial: Maria Fernanda Alvares
Revisões: Celina Falcão e Isac Santos
Produção gráfica: Geraldo Alves

Dados Internacionais de Catalogação na Publicação (CIP)
(Câmara Brasileira do Livro, SP, Brasil)

Brandão, Ambrósio Fernandes, 1555-1618
Bestiário de Brandônio : segundo o Diálogo das grandezas do Brasil
escrito em 1618 / atribuído a Ambrósio Fernandes Brandão ;
com xilogravuras de J. Borges. - Ubatuba, SP :
Livros da Raposa Vermelha, 2024.

ISBN 978-65-86563-33-7

1. Brasil - Descrições e viagens - Obras anteriores a 1800
2. Xilogravura brasileira I. Borges, J. II. Título.

24-207609   CDD-918.1

Índices para catálogo sistemático:
1. Brasil : Descrição e viagens 918.1
Eliane de Freitas Leite - Bibliotecária - CRB 8/8415

ISBN: 978-65-86563-33-7

Primeira edição: julho 2024

Todos os direitos reservados.
Este livro não pode ser reproduzido, no todo ou em parte,
nem armazenado em sistemas eletrônicos recuperáveis nem
transmitido por nenhuma forma ou meio eletrônico,
mecânico ou outros, sem a prévia autorização
por escrito do editor.